da… …ps

Texte : Christian Lamblin
Illustrations : François Foyard

Deux niveaux de lecture

Lire des phrases : enfant lecteur

Lire un texte : lecteur confirmé ou adulte

Nathan

– Il y a une porte. On pourrait aller voir.

I
La porte mystérieuse

Nina et David sont en vacances avec leurs parents.
Aujourd'hui, ils visitent un vieux château.
La visite est longue et les enfants s'ennuient.
– Ce château a été bâti il y a plus de mille ans
par le comte de la Roche, explique le guide.
Le comte de la Roche était le seigneur le plus puissant de la région.

– J'ai envie de partir, murmure Nina. Regarde là-bas,
il y a une porte. On pourrait aller voir...
– Non, répond David. C'est marqué "Passage interdit".
– Ça m'est égal, répond Nina. J'y vais quand même !
La petite fille s'approche de la porte. Son frère veut la retenir.
– Reviens Nina, on va se faire gronder !

Nina ne l'écoute pas. Elle appuie sur la poignée et brusquement... la porte s'ouvre !

– Écoute, on entend de la musique ! Allons voir ! dit Nina.

– Tu es folle ! répond David.

– Tu peux rester ici si tu veux, s'exclame Nina, mais moi, je veux savoir qui joue de la musique ! Et la fillette disparaît... David hésite, mais il se dit qu'un grand frère ne peut pas laisser sa petite sœur toute seule, et il la suit.

Ils arrivent dans une grande salle éclairée par des torches. Des hommes et des femmes sont assis autour d'une table. Ils ont de drôles de costumes.

Ils mangent tout en écoutant la musique d'un petit orchestre.

– *Au secours !*

Peu après, les musiciens s'en vont et un ours énorme arrive au milieu de la salle !

Nina a si peur qu'elle ne peut s'empêcher de crier : "Au secours !"

Tous les regards se tournent vers la petite fille.

– *Qui êtes-vous ? Et que faites-vous ici ?*

Un homme s'approche alors de Nina et de David.
– Qui êtes-vous ? Et que faites-vous ici ? demande l'homme.
Nina n'ose pas répondre. Le monsieur a une longue épée accrochée à la ceinture et il n'a pas l'air commode.

– Nous admirons vos costumes, dit David.
Est-ce que vous préparez une pièce de théâtre ?
L'homme rit :
– Du théâtre ! Non ! Je suis le comte de la Roche.
Nina et David sont surpris et troublés.
Ils savent que le comte de la Roche est mort depuis longtemps.
– Mais... en quelle année sommes-nous ? demande David.
– Décidément, tu es très étrange mon petit, répond le comte.
Nous sommes en l'an de grâce 994, bien sûr !
– En 994 ? balbutie Nina. Mais c'est impossible... On a déjà dépassé l'an 2000 !

– *Alerte ! Alerte ! Le sire de la Réhaut nous attaque !*

II
Une vraie bataille

Le comte de la Roche a l'air de plus en plus surpris.

– Vous êtes bien jeunes et bien étranges… mais peu importe !

Je vous invite à partager notre repas. Aujourd'hui, nous avons d'abord des hérissons rôtis.

– Comment ? Vous mangez des hérissons ? dit Nina.

– Mais oui, bien sûr ! Décidément, vous êtes vraiment très bizarres ! s'exclame le comte de la Roche. Et puis je n'ai jamais vu d'enfants habillés comme vous. D'où venez-vous donc exactement ?

Nina et David n'ont pas le temps de répondre.

Un homme pénètre en hurlant dans la salle.

– Alerte ! Alerte ! Le sire de la Réhaut nous attaque !

Le comte de la Roche sort très vite. Nina et David le suivent et arrivent sur les remparts du château.

Ils découvrent alors un incroyable spectacle : une véritable bataille se déroule sous leurs yeux !

– Quel super spectacle ! s'écrie David.

Le garçon attrape l'épée d'un soldat, puis il fait semblant de partir à l'attaque des ennemis.

– Reste ici ! hurle Nina. Ce n'est pas un spectacle, c'est la réalité !

J'ai l'impression que l'on a voyagé dans le temps…

J'ai compris : on est arrivés au Moyen Âge !

– C'est impossible, répond David. On ne peut pas voyager dans le temps !

À ces mots, une flèche transperce le blouson du garçon.

– Tu es blessé ? s'écrie Nina.

– Non, mais tu as raison, il vaut mieux ne pas rester là !

Sur les remparts du château, David attrape l'épée d'un soldat.

Les deux enfants retournent à toute vitesse dans la salle.
– Vite, partons ! hurle Nina.
La petite fille appuie de toutes ses forces sur la porte qui s'ouvre d'un seul coup.
Emportés par leur élan, les enfants roulent sur le sol et arrivent… à l'entrée du château, juste aux pieds de leurs parents.
– Mais où étiez-vous passés ? s'exclame la maman.
– On vient de rencontrer le comte de la Roche ! répond David.
– Arrêtez de dire n'importe quoi, le comte de la Roche est mort depuis plus de mille ans !
Nina et David n'osent plus rien dire. Ils sont sûrs que personne ne va croire à leur histoire. Surtout pas leurs parents…

Les enfants roulent sur le sol et arrivent à l'entrée du château.

– *David, tu es le plus grand et tu devrais montrer l'exemple à ta petite sœur.*

III
Le passage

Les parents de David et de Nina sont fâchés.
– David, tu es le plus grand et tu devrais montrer l'exemple à ta petite sœur, dit le papa.
Au lieu de cela, tu racontes n'importe quoi !
– Mais papa, je t'assure que c'est vrai ! répond David.
– Ça suffit, dit la maman. Et j'espère que vous vous tiendrez mieux demain à la prochaine visite !

– Qu'est-ce que nous allons visiter encore ? demande Nina.
– Une grotte préhistorique, dit le papa.

Le lendemain, la famille pénètre dans la grotte préhistorique.

Au fond de la grotte, Nina trouve un passage mystérieux près d'un rocher.

– Regarde, s'écrie Nina, on va jouer aux explorateurs !

– Ah non ! répond David. Tu ne vas pas recommencer !

Mais Nina n'écoute pas.

Elle s'approche et s'évade par le petit passage.
Encore une fois, David ne réussit pas à retenir sa sœur.
Il la suit. Nina et David se retrouvent dans une grotte profonde et humide.

La grotte est faiblement éclairée par la lumière du soleil, grâce à un trou très haut dans le plafond.

Tout à coup, les deux enfants entendent des bruits de pas ! Alors ils vont vite se cacher derrière un gros rocher.

Les pas se rapprochent ! Les enfants n'en croient pas leurs yeux :

les personnages qu'ils voient arriver sont des hommes préhistoriques ! Ils sont vêtus de peaux de bêtes et ils portent des lances...

– Que se passe-t-il encore ? chuchote David à l'oreille de sa sœur.

À ce moment-là, une grosse pierre roule sous leurs pieds et arrive juste devant les hommes préhistoriques qui découvrent les deux enfants.

IV

Un dîner très spécial

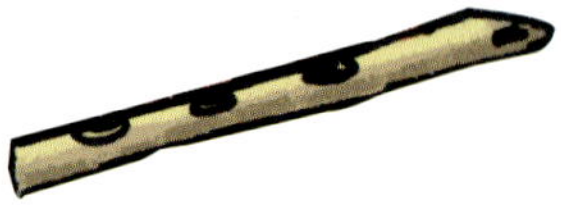

David et Nina ont très peur. Pourtant, les hommes préhistoriques n'ont pas l'air méchant. Ils paraissent seulement très surpris.

L'un des hommes prend alors une petite flûte qui pendait à sa ceinture, puis il se dirige vers la sortie tout en jouant de la musique.

David et Nina sont rassurés.

Un homme qui joue si bien de la musique ne peut pas être méchant ! Ils décident donc de le suivre.

Après quelques minutes de marche, ils arrivent dans une sorte de campement.

D'autres enfants les entourent. Ils sont habillés de peaux de bêtes, comme leurs parents. L'un d'entre eux apporte un morceau de viande grillée et le tend à Nina.

– Ah, ça tombe bien, dit-elle. Je mourais de faim !

Le musicien donne sa flûte à David qui essaie d'en jouer.

La nuit tombe. Nina a très sommeil, mais elle préférerait dormir dans son lit !

Bientôt, la lune est haute dans le ciel et tout le campement s'est endormi. Les deux enfants se lèvent alors silencieusement et dans l'obscurité ils font demi-tour pour retrouver le petit passage par où ils sont venus.

– Dépêche-toi, dit David. Le passage est là ! Nina suit son frère et tout à coup, les enfants se retrouvent au milieu de la grotte pleine de touristes, juste derrière leurs parents.
– Mais où étiez-vous encore passés ? dit le papa.
Si vous continuez comme ça, vous n'apprendrez jamais rien sur l'histoire des hommes !
– Tu te trompes, papa ! dit David. On vient de faire un voyage chez les hommes préhistoriques !
Le papa s'énerve.
– Maintenant ça suffit ! Vous restez avec nous et sans bouger s'il vous plaît !

Les enfants ne disent rien. Mais David sort de sa poche la petite flûte en os et la montre à Nina. Ils éclatent alors de rire.
Bien sûr que leur histoire est vraie ! Et tant pis si personne ne veut les croire !

David sort de sa poche la petite flûte en os et la montre à Nina.

Doc

Des images à découvrir

Le château de Kerouzéré (Finistère). XVe s.

Un banquet au château.

Ph. C. ROUX © Archives Larbor

Une peinture murale dans la grotte de Lascaux.

Conforme à la loi du 16 juillet 1949 sur les publications destinées à la jeunesse
Dépôt légal : Mai 2009 - ISBN : 978-2-09-121668-3
Imprimé en France par IME - N° d'éditeur : 10159094